Círculo Rojo

Luces de un faro a un girasol adormecido

Luces de un faro a un girasol adormecido

joss macam

Círculo Rojo
EDITORIAL

Primera edición: enero 2024

Depósito legal: AL 3863-2023

ISBN: 978-84-1061-188-7
Impresión y encuadernación: Editorial Círculo Rojo

© Del texto: joss macam
© Maquetación y diseño: Equipo de Editorial Círculo Rojo

Editorial Círculo Rojo
www.editorialcirculorojo.com
info@editorialcirculorojo.com

Impreso en España - Printed in Spain

Gracias a los que, alguna vez, estuvieron y empujaron

Para Mar, cerca de la medianoche

0
Cuando sea la última vez

Es que no sabemos cuándo será nuestra última vez…
¿Recuerdas la última vez que nos reunimos los soñadores?
¿La última vez que nos encontramos en la sencillez?
¿La última que caímos en el maravilloso caos?
¿La que nos separamos?
¿La que nos separaron?

Es que no sabemos cuándo será nuestra última vez…
¿Recuerdas la última vez que cruzamos una mirada?
¿La última vez que nos encontramos?
¿La última que nos ignoramos?
¿La que estuve en tu piel?
¿La que estuviste en mí también?

Es que no sabemos cuándo será nuestra última vez…
¿Recuerdas la última vez que fue la primera vez?
¿La última vez que fue *otra vez*?
¿La última que esperaste?
¿La que nos dimos?
¿La que nos quitamos?

Realmente, ¿contemplaste que fuera la última vez?
Recuerda. Recuerda cuándo olvidamos nuestra última vez.
Será la última que le robemos al destino.
La última, pero consciente, última vez.

1
Principio de principios

Queda desnudo de letra,
se siente perdido el poeta.
Ella le tiende la mano y se aferra
a lo que él llama felicidad.

Su sonrisa, su talla y su brío,
lo cogen, lo arrastran y muere de frío.
Castigan las dudas y las llevan al río
hacia lo que él llama felicidad.

Ella inspira, espira y espera,
palpita su piel como la primavera.
No frena el vértigo, sino acelera
hacia lo que él llama felicidad.

Ella tizna el alma de tinta de sueño
que gotea de sus labios sin dueño.
Rompen sus caricias con empeño
a lo que él llama felicidad.

2
Los domingos al mar

A los incrédulos,

He perdido...
Se puede surcar el mar,
como se puede surcar el destino
por tropiezo, descuido o atino;
a veces, por tu corazón palpitar.

Ya, pero... ¿cómo es posible?
Sencillo: sigue tu piel con mi piel.
¿Sabes?
Como las olas se acompañaban ayer,
como se afanaba el horizonte
en nuestras miradas,
como nos recorrió el sol,
en aquel atardecer.

Y, ¿qué nos espera?
Está claro:
Los ojos en vela
y, detrás, una estela
por tu cabello que riza el viento
y disipa toda tormenta.

3
Sin planes todo termina en ti

(Se abre el telón.
Una habitación desbordada,
ropa en el suelo
y restos de sudor en la cama.

La luz entra por la ventana
y hace que se encuentren
ella y él,
bajo las sábanas):

—Mira, que es domingo.
—Y, ¿qué te apetece?
—Mmm, no sé, vamos a ver.
—Primero, mira el tiempo. (Miran los dos en el móvil).
—Aquí dice que hace frío.
—Aquí dice que de frío nada, que estás conmigo.
—Ay, déjate.
—Venga, busca destino.
—Vale, voy a ver.
—Venga, yo también.
—Destino: ella (en su pantalla, la mira).
—Destino: él (en su pantalla, lo mira).

(Entreacto)

—¿Lo tienes?

—Mmm, un segundo, espera.

—Yo busqué por el norte.

—Querrás decir por tu otro norte, porque yo busqué por el sur.

—Entonces, ¿adónde vamos?

—Ni idea, vístete. Vamos, yo conduzco, da igual... Sin planes todo termina en ti.

4
Presencia diferente

La ausencia desvela
lo que la presencia esconde.
No se desdibuja si no resta espacio
de nuestros tiempos
y, aun yendo a contramano,
llegamos a encontrarnos
y estamos aquí:

En el dibujo de las sonrisas,
en nuestro tacto reservado,
en la ingravidez de las formas,
en los impulsos suspirados.

El vacío se muestra más lleno que nunca,
pues no se especula, sino se siente
y mientes cuando dices que no estamos,
sólo hay que mirar
desde una perspectiva diferente.

5
Una noche esperando los amaneceres

—El Principito me dijo que sintiese
los amaneceres.
—Y, ¿qué le respondiste?
—Yo le dije que se equivocaba,
que se trataba de contar
capítulos en la vida:

que el viento siempre empuja,
la mar siempre calma,
el sol da esperanza
y la noche nos resguarda.

—Nada nuevo en los amaneceres—sentencié.
—El Principito me dijo
que no lo había entendido
e insistió:

Los amaneceres son la chispa,
la llama ígnea que todo lo prende
y, en el relato de la vida,
solo cuentan estos momentos
de hechos, palabras y silencios,
de los que erizan la piel
y te hacen arder por dentro.

6
Cruces exprés

(Al cobijo de las sombras
que de un árbol proyecta una farola.
Ausentes a los transeúntes,
llega ella y llega él).

—Mira, ahí está. ¿Qué tal señorita?
—Muy bien mozo ¿y tú?
—Genial, aquí… Su besito. (La besa).
—Pues… yo le planto otro. (Lo besa).
—¿Y qué tal la jornada?
—Liada y atareada.
—¿En mí?
—Sí, en ti. (Lo besa).
Que me tienes ya un poco harta.
—¿Y eso? ¿por qué?
(Se cogen, se acercan y contactan).
—Por tus palabras escritas,
contra las que no puedo hacer nada.
(Sonríe, mira abajo
y, luego, cruzan miradas).
—(Al oído). Pues a mí, me pierden esos ojos.
—¿Estos?
—Sí, esos. Ya quisiera cualquiera que lo miraran.
—Tienes buena suerte, chico. (Al oído).
—No, tengo mala,
que me ha robado el sentío,
una ladrona que por aquí pasaba. (Se besan).

7
Ganas de ti

Ambos de pulso acelerado,
pero van despacio
para volar alto.

Labios carnosos mandarina
que no besan, sino clavan espinas
cuando se van

y siento que ya no puedo parar,
que ya no sé qué escribir,
sólo tengo ganas de ti.

8
Suena la música

—Y… ¿cómo fue posible?
—Porque te sabías todas las canciones:
Tu preferida, *Quédate a dormir.*
Mi preferida, *Besos cielo sabor carmín.*

9
Girasoles

Cuando los días soleados habían acabado,
las gotas rompían los tejados,
los días grises habían llegado
y expectantes esperábamos lo inesperado:

el inesperado recreo de las sonrisas,
el inesperado reflejo de tus ojos,
el inesperado cambio de situaciones,
el inesperado vuelco de nuestros corazones

y, entonces, decidimos dejar de esperar…
Yo te busqué,
tú me buscaste
y empezamos a brillar.

Nos refugiamos en la luz del girasol,
en el calor de los abrazos sinceros,
en el alboroto de nuestros besos
y compusimos estos versos.

Con Amares

10
El Amor se hace verso a verso

Las palabras guardan una promesa,
un hechizo que las desnuda,
les rompe las formas
y, a corta distancia, explotan…
y caen.

Se cogen, se arrastran,
se embeben, se aprietan.
Rompen las corazas
y su piel se agrieta.

Caen en cascadas
doradas
las sábanas
que les resguardan y…

prisionera de un suspiro,
se contiene y lo espera,
también cautivo del siguiente gemido
y gira su ser en su nido.

Se susurran,
ella le mira a él
y le dice el menú:
besos sabor a miel.

Él la mira a ella
y rompe en tensión,
le golpea en el pecho
su corazón.

Ahora, en uno,
bajo cero y a mil grados
palpitan sus cuerpos mojados;
colapsan las distancias y…
no pueden aguantar.

11
Emperatriz

—¿Qué tanto temes
de la vida?
¿La felicidad?
—Qué va.

Si llega y te arrastra
la marea de su luz
que ahoga a los descreídos
y los convierte.

Con su gesto roba tu fe
y te hace creer en ti, también.
No hay vanidad ni soberbia,
solo una cálida brisa que te arropa.

Su mirada es orgullosa,
desprende luz que rompe las fronteras
del lado de la quietud,
para dejar pasar lo que está por llegar.

Su atracción es inevitable,
es innato el impulso
que la vida te sostiene
y, libre, comparte su imperio…
donde me protege.

12
No es amarga la espera si es para amar

El caso es que llegas
a la sala de espera del Tiempo.
Contemplas, miras y te sientas
y, sin desear nada, sientes que viene algo.

No sabes qué,
ni cómo ni cuándo,
pero ha llegado
y te encuentras del revés.

Suspiras,
se te enfrían los pies,
maldices no saber qué es
y tiemblas.

—Y… ¿por qué tiemblas?

Por la maravillosa causalidad
que te arroja
al vibrante abismo
y, también, te saca de él.

—Pero ¿tú crees en la casualidad?

No, en realidad no.
No me gusta llamarlo así:
es el efecto mariposa
que nos cruzó en el caos
y allí estábamos…
en lo que siempre habíamos soñado:

en el lecho de la confianza,
en la explosión de escalofríos,
en la cálida complicidad
en la que nos sumamos
los dos a remar
y en el abrazo a la libertad…
de amar.

13
Tic, tac

Tú, sobre mí,
me condenas, sin vacilar,
en mi mente, quedas así
y, yo, como un espectador más…

Te imagino al despertar
y no estás.
Aún recuerdo tu reflejo,
como aquella estrella fugaz.

Había decidido conducir despacio
para disfrutarte un ratito más
y, aun así, ahora, los días pesan, lentos,
mientras tú no estás.

Te querría abrazar
y romperle los esquemas al sol,
para salvar tu piel
y darle calor de verdad.

14
Taxi Driver

Suelta el acelerador
para ajustar el reloj
con la esperanza
de capturar cada instante.

Se ha hecho intolerante
al placebo de las ausencias,
solo pretende disfrutar del viaje
y fotografiar cada gesto.

Ha perdido la cuenta
de los disparos
que su mirada
ha recorrido en la búsqueda...

de cada pliegue,
de cada vibración
que, a veces, ha confundido
con los latidos de su propio corazón...

de cada palabra,
de cada certera flecha
que con sus ojos
clava...

de cada rizo
que ha modelado
y de su cintura, que volverían loco
al más cuerdo y al más sabio

y no puedo olvidar sus labios,
de cada promesa que han sentenciado,
de cada beso inesperado
que me han condenado
a soltar el acelerador
para ir más despacio.

15
Fin de verso, nuevo verso

Ha sido a la nada
fuego que emana,
lo que al tranquilo
un tormento que salva.

El haz de luz
que llena el sol de las mañanas.
La cartera que deja besos
en la dirección de mis sábanas.

La alegría que empuja
sincera y llena el pecho,
rompiendo sus cadenas
con la yema de los dedos.

La más potente figura
que se dibuja a su paso:
ebria entereza,
sobria locura;

amiga amada,
por su humilde armadura;
amante nocturna,
en fugaces escapadas.

Deja de levitar en mis sueños
y abrázame por la espalda.
Márcale el camino a este ciego
que ruega por tu mirada.

16
Amareceres

—Que contigo son amareceres...

Al amanecer,
ruego hacernos piedra
para que esa estampa
fuera siempre infinita.

Al atardecer,
enredo mis sueños
en tu cabello,
esperando arder contigo.

Al anochecer,
no puedo contar aquí lo vivido,
solo las paredes de tu cuarto
son las únicas testigos.

17
Habladurías, cuentos y leyendas de su mirada

Aseguran que no es de mirada perdida,
que no es de intenciones huidizas,
que solo busca y otea la libertad
con su gesto indomable.

Cuentan que es consciente
de cada fotograma que regala,
del baile de sus pupilas en llama,
de los destellos que refleja su alma.

Los ciegos claman
no saber de esta intriga,
denuncian también
no ser sordos con fatiga.

Advierten a los temerarios
que pretendan robarla
y acusan al destino
su ánimo de encontrarla.

Y pocas historias les serán contadas,
por vendehúmos o viejos piratas
que hagan gala de tantas desdichas
que implica rogar por su mirada.

18
Solo tú tienes el mapa

—¿Cuánto la quieres?
—Qué pregunta tan simple.
Yo formularía esta otra:
¿Qué distancia tiene mi amor
hacia ella?

Mi amor tiene cientos de kilómetros
que solo ella ha escrutado por mi piel.
Conoce todos los senderos,
valles y montañas.

Fluyen nuestras historias
serpenteando en ríos
de ilusiones, intenciones,
anhelos y ambiciones.

Tiene grandes desniveles,
insondables pendientes predilectas,
para hacerlo infranqueable
a quien quisiera conseguirlo.

Es el pausado camino
que aferra la marcha de quien lo recorre,
que guía y conecta nuestras ganas,
que olvida las distancias y...
nos une
en la partida y el regreso de nuestras almas.

19
Cuerpos etéreos, emoción material

Cuando dudó de lo imperceptible,
decidió no renegar del amor
como hasta ahora había hecho.
Se lanzó a cazar los minutos
que sobrevolaban como luciérnagas
cuando estaba con ella,
para esconderse en estos,
cegando todo lo demás
y quedando los dos
perceptibles.

Y ahora son destino
no fortuito,
sino creído...
dándole sentido.

Han perdido
toda referencia física
de la comprensión de sus labios
y se estremecen, se traspasan.

Infringen las leyes de sus cuerpos,
se lanzan susurros al cuello,
los cariños caen por sus pechos
y se marcan atrapados, sin resistencia...
entre sus abrazos, en su lecho.

20
Anatomía de la futura nostalgia

De las cosas
que te tenía que decir
para cuando no estés
y así me pueda redimir.

Que te tenía que decir
que aquella noche de cine
yo escuchaba el guion del paraíso,
pero, tú, eras la película premiada.

Que te tenía que decir
que el mejor poema jamás soñado
ya estaba escrito en mi cuaderno
y, tú, eras la tinta que lo rasgaba.

Que te tenía que decir
que hubiera escuchado
todas tus mofas, risas y carcajadas
hasta el final de nuestras jornadas.

Que te tenía que decir
que, cuando te besaba,
eran tus labios los que mordían
y los míos los que sangre clamaban.

Que te tenía que decir
que había dejado conquistar mi plaza,
pues nunca, otro pobre diablo,
hubiera resistido el asedio de tu mirada.

Que te tenía que decir
gracias, compañera de alma,
solo espero algún día
tragarme estas palabras.

21
Dos soles pasearon ese día en Sevilla

Has conseguido meter
una ciudad en mi habitación.
Te has colado por todas
las callejuelas de mi ser.

Dos soles se han paseado
hoy en la ciudad de la luz.
Sevilla te mira y yo intento
seguir el contoneo de tu sombra.

Las almenas del Agua espían tu camino;
Santa Cruz te ve y se pone roja;
ruegan tu entrada y tu desfile
y ponen en aviso a cualquiera que no mire.

Los arcos se abren al paso
de tu paseo que taconea,
avisando a la Giralda
de que su fama flaquea.

Hércules te mira y se agrieta,
intenta bajar a la Alameda,
pero pierde tu estela y te alejas;
pétreo, ve cómo serpenteas.

Las losas claman a los pájaros
seguir tu camino para que les cuenten,
el paseo de la dama del Aljarafe
que pone en vilo a Sevilla este viernes.

22
Una cuestión de alma

Y así fue
cómo se sucedieron
los días, las esperas
y las llegadas.

Perdieron la noción
del tiempo,
pues consideraron vivir
la noción del alma.

Engañaban a sus sentidos
y seguían y repetían:
se cogían, se abrazaban,
se apretaban.

Sostenían el presente,
volando raso,
al amparo de las nubes
que con su afición contaban.

Se rieron
de la distancia,
pues su nostalgia
presencia derramaba.

Eran una y uno,
en una historia
de riqueza que
su amor llenaba.

23
Caída

Caes en mí,
en pequeñas dosis
de tu perfume
en mi almohada.

Estas aquí,
solo espero
tocarte
con la luz apagada.

Mata el frío,
ven a verme,
con o sin excusas,
pero acurrucados…
en mi cama.

24
Penitenciaría de mis versos, caigo en la prosa

Llegan rumores de la huelga de guionistas. Iracundos plantean la siguiente escena: que ya no les caen las letras, se quejan huérfanos de drama, de argumentos y de dilemas. Ya no saben cómo lidiar con lo que ven, con lo oneroso que ella refleja. Ingrávida su pureza, perspicaz su entereza, vano propósito el del poeta en entablar unos versos que, fallidos, le relegan a la novela. Vaporosos sus labios, queman al tartamudo que los besa y aqueja su torpeza, para hacer superlativa la belleza que insiste en destacar y que su boca profesa. Y no hay guionista, escritor o equilibrista que persista en adivinar qué combinación pega para describir tal escena que, esta zagala, a mis ojos encadena.

25
Spicy

Que te sabes
la canción perfecta
para cada momento.
Sabes lo que tiembla,
aquí,
adentro

y, por el movimiento,
se nos caen las dudas:
desnudamos el momento,
aquí,
adentro.

Quítate los pantalones,
qué tormento.
Déjame sentirte,
aquí,
adentro.

26
Hasta en los mordiscos

Deja caer
tu frente en mi frente
y, cuando me beses,
muérdeme, siempre.

27
Era el capítulo

Era el capítulo veintisiete
al que teníamos que llegar.
Era la certera admiración,
la inexorable sensación.

Cuenta cómo salimos,
cazamos las dudas,
sometimos las quimeras
y creamos con tino.

Cuenta cómo nos auxiliamos,
mano a mano, unidos;
ilusión a ilusión, deslumbramos;
mirada a mirada, chalados.

Cuenta a los escépticos
que el amor ha triunfado,
que, con nuestros besos,
nos hemos revelado.

28
Hablan la mar y el sol

Cabalgan los latidos
que me llevan hacia ti.
Te escondes en la calima
e iluminas sus formas.

Me sumerjo en tus cabellos,
el mar, la calma.
Tintinea tu reflejo,
en su rostro, en mi alma.

Te escondes en el infinito,
en conciencias no exploradas.
Contienes un recuerdo,
el ahora y el anhelo de un mañana.

Me miras y me deshago
en polvos, el alisio me desata.
Me proyecta en el cielo,
¿el sol? No, tu mirada…
de la que nada escapa.

29
Cítricos de amor

Que te quedaban bien
todos los naranjas:
sabor amanecer,
que en una nube
 vi proyectados.

Aquella tarde
en tu ventana,
aquel vestido
que rompía las heridas.

Aquella ilusión al evento,
que no era más
que tú y yo,
enamorados por dentro.

30
Y, ¿por qué tú?

¿Por qué *y si…?*
¿Por qué *por cierto?*
¿Por qué *ahora?*
¿Por qué *tan adentro?*

¿Por qué *me tientas?*
¿Por qué *te miento?*
¿Por qué *paz?*
¿Por qué *tormento?*

¿Por qué *cada caricia?*
¿Por qué *cada aliento?*
¿Por qué *no aquí?*
¿Por qué *en otro momento?*

¿Por qué *gracias?*
¿Por qué *por supuesto?*
¿Por qué *felices?*
¿Por qué *ardiendo?*

¿Por qué *voy?*
¿Por qué *vienes?*
¿Por qué *insólito?*
¿Por qué *tan contentos?*

31
Terminas el verso

No, no termino el verso,
crece más que nunca.
Crece, siguiendo
todas tus hechuras.

Todo lo que reza este ateo
es por una palabra más,
cualquier sospecha
que me diga dónde estás.

Quiero escribir
nuestra eterna primavera,
me deshago de los bocetos,
que solo hablaban de dolor y de pena.

Dame más tinta,
no me canso de imaginarte,
entre líneas: una casa en La Palma,
una ruta, un paraje,
un vinito, tu mirada,
¡joder!, tú, mi compañera de viaje.

Dame más tinta,
aunque queme el papel,
encuentro la paz, en ti,
en el tacto de tu ser.

No, no termina el verso,
no terminaré este cuento
mientras vibren nuestros labios,
mientras mirándonos, nos escribamos…

32
Hazme el verso

Treinta latidos
perforaron mi alma.
Dos actos me advirtieron,
dos ilusiones escaparon.

Hazme el verso,
no me dejes
huérfano de sentido,
yo te espero.

Cuento contigo,
sonrío a ciegas
y confío,
yo te espero.

Quiero estar junto a ti,
libre, me haces feliz.
Eres mi sol, eres mi alivio,
yo te espero.

33
Todo está en la concentración

Una alta dosis de mar
puede ser letal.
Sus corrientes
te erizan, arrastran y ahogan.

Te obliga a remar,
pero no encuentras las costas.
No se puede varar,
mas en sus ondulaciones y formas.

Marinero de agua dulce
que le quema su sal.
Grumete que a los vientos
intenta su furia domar.

No hay timón o bribón
ni rosa de los vientos
que soporte con esperanza
una alta dosis de mar.

34
Todo feliz

Que somos,
que salimos de lo incierto.
Qué felices las mañanas,
qué alegría verte despertar.

Y saltamos, bailamos,
nuestros fans nos hacen palmas.
Quemamos la pista,
nuestros besos salpican, se derraman.

Qué alegría,
qué *frío* te canté en tu oreja
y te giraste y te colgaste
de mi pecho, llenándome de ganas.

Ya no es tu mirada,
tus abrazos o tu talla.
Es el abracadabra que esta nena
hace cuando le da la gana.

35
Sabía que te encontraría en el refranero popular

Más vale prevenir
que curar,
así que dame un beso
de esos que me hacen vibrar.

No dejes para mañana
lo puedas hacer hoy,
así que dame un beso
de esos que me hacen vibrar.

Quien no arriesga,
no gana,
así que dame un beso
de esos que me hacen vibrar.

De los errores
se aprende,
así que dame un beso
de esos que me hacen vibrar.

Hoy por ti,
mañana por mí,
así que dame un beso
de esos que me hacen vibrar.

El que tiene boca
se equivoca,
así que dame un beso
de esos que me hacen vibrar.

El que algo quiere,
algo le cuesta,
así que dame un beso
de esos que me hacen vibrar.

¿Sigo?

36
Joder, qué alergia al tiempo

Joder, qué le queda al martes,
aquí me sigo preguntando,
para que lleguen los momentos
de caer acurrucados.

Joder, qué lentita pasa
la semana, qué fatiga.
Me quita hasta el sueño,
pensar en tu sonrisa.

Ya imagino el momento
de caer en tu barriga,
de notarme en tu pulso,
en tus bromas, en tus riñas.

Voy contando cómo pasan
las nubes por mi calle,
voy haciendo el dibujo
de nuestro próximo viaje.

37
Se cumple

De arena eran sus formas,
a su paso vierte canela,
su jarabe, mi droga
y su azúcar… morena.

Cayena al alma,
pasión al recreo,
limón y sal
a la pena.

Cuando suspira y tiembla
te cruza miradas
de olvido sentido…
desenfrena.

Treinta veces ha revalidado
el título que el sol sufría
no haber encontrado
en su piel de arena… morena.

38
Terapia callejera

Se oyen pasos, barullo,
al vuelo las guirnaldas,
las luces serpentean
fantasía en las calles.

Me pregunto:
¿qué sucede?
¿De qué desfile
o procesión proviene?

Y hago esperar al tiempo,
peso cada momento
y te engaño
si no te digo que provocas…
fantasía en las calles.

39
Me has pescaíto

Suenan las luces,
las campanas vuelan
al baile y al paseo
que la muchedumbre luce con deseo.

Se abren las avenidas,
levantan los toldos las casetas,
enmudece contenido el gentío,
al desfile, los adoquines taconean.

La escena se para
y, el universo de luces se eclipsa,
llega la moza
que no osa el albero tocar.

En sus curvas bailan ilusiones,
sigo para no perderme
la línea de sus labios,
el contoneo de sus reflejos
que encandilan mis razones.

En feria, me roba todos los poemas
y me quiebra los renglones.
Se proyecta en cada palmeo,
en cada quejido y guitarra rasgada,
es protagonista de todas las canciones.

40
Tango en mi menor, por mi sol mayor

Tu tango perfora
mis entrañas,
seduce dulce
y cal derrama.

A cada paso te traza,
fuerte y contundente,
yerguen las formas
y nos sitúa frente a frente.

Ataviada
con tus mejores galas:
acongojas, aprietas
y disparas.

Sufro el latido
que me saca de mis límites
y limito el uso de ciertos pasos
que me derriten.

Auspicio errático el desenlace,
imploro a la orquesta
que acompañe la atrevida gesta
que implica quitarte ese traje.

Salpica tu sudor,
rocío que baña a deshoras
nuestro amor, más vivo que alumbra
en mi menor, mi sol mayor.

41
Cuéntame esa historia otra vez

Cae una gota
que resbala
por los recuerdos
de la noche pasada.

Allí me mira de reojo,
latente, la intención de repetir,
la marca de un deseo
que quedó posado en ti.

Solitaria cree no encontrar camino.
Le empujan los impulsos,
tropieza en cada poro,
pero le dan vela los suspiros.

Se estrecha en su cintura
y, sigue, pero el vértigo la fatiga.
Suerte la suya no haber caído
cuando la lencería me castiga.

Se seca el sudor,
casi vaporosa se viene encima
y corre y se corren y se mezclan
y se une a la fiesta de la que se contamina.

42
Cuando te encuentro de espaldas

(Él)
No te sorprende
cuando te digo que te veo,
cuando cae tu contoneo
y te busco de espaldas.

(Ella)
No me replicas
cuando te sugiero mis formas,
cuando te agarras a mis pechos
y te someto de espaldas.

(Las candelas y sus sombras)
No nos replicáis
cuando seguimos vuestra danza,
cuando proyectáis mil esquemas
y os encontráis de espaldas.

43
Esmalte azucena envenena

¿Quién juraría
haberte visto
en doblajes suaves
de porcelana esmeralda?

O, quizá, ¿dibujada
en esmalte color azucena?
Te sigue un manto de miradas
que tu tocado envenena.

Los jóvenes disimulan rezar a la Virgen,
pero entre dientes oran por tu escena
que los lleva locos y tendrán que confesar
para eludir su condena.

¿Brilla la corona? No.
Alegre brilla esta nena.
El pueblo le agradece su sonrisa
que a su paso quita las penas.

44
La melodía que me fulmina

Sonaba la música.
Buscamos la melodía
en todos los conciertos,
pero nos percatamos
de que vibraba aquí,
adentro.

En tu puerta
cae en cascada,
simétrico el deseo
que nos ronda

y, claro,
¿cómo respondo
yo?
Tímido a eso.

Ay, me matas
en los tiempos
que esperas
al siguiente verso.

45
La poesía volverá

La poesía volverá
en sus ritmos de pausa,
pero sin nostalgia,
llena de vida,
llena de ti.

Qué sorpresa escribirte,
con qué certeza
encontrarnos.
La poesía volverá
en lo que ahora está vacío,
se llenará de ti.

46
Esto no es poesía

Las cosas que me quedan por decirte,
ya solo te las puedo hacer.
Gasté todas las palabras que había,
los renglones escritos
no se pueden descoser.

47
La calculadora

Esos ojitos que me lanzas
de reojo, me saben castigar
y te pones, calculas
y concluyes que
cero problemas
a estos amores.

48
Uno, dos y tres...

Contaba *uno, dos y tres*
para saberse en el tiempo,
para escrutar en sus adentros,
para vivir el sentimiento.

Contaba *uno, dos y tres*
para darse una zambullida,
para pedir un beso,
para sentirse en la vida.

Diseccionaba cada momento:
uno, conmigo;
dos, en nuestros encuentros;
tres, para volver
a sabiendas y sin fundamento.

Contaba *uno, dos y tres*
para sacarme del abismo,
para cruzar nuestras sonrisas,
para volar con los destellos
que salían de nuestros puertos.

Contaba *uno, dos y tres*
por nuestro amor de otoño
que hizo verano
y se saltó la secuencia.

Contó hasta espacios inexplorados:
hasta treinta, hasta infinito,
a deshoras
y de vez en cuando.

Contó por suspiros,
por miradas e ilusiones.
Contó en positivo
y debajo de los colchones.

Contempló el infinito,
los pares aciertos
y los impares
sin lamento.

Calculó probabilidades
de lo futuro y de lo incierto.
Contó en *uno, dos y tres*
lo que una vida
encierra por dentro.

49
Lo primero y lo importante

¿Qué tanto esperas
con ese afán
que miras a la puerta?

Forastera la pregunta
que me persigue cada día
en tus ausencias y mis costumbres
de obligado cumplimiento.

Huyes en cafés acelerados,
de latente poso,
que dejas en mis mañanas
donde se me olvida qué tengo que hacer.

Torpe ajusto las dietas,
me programan lavados,
papeles, recados
y deberes que creo por vicio o por defecto.

Hasta que ayuno con ganas
lo que entró en desuso
y esto salpica los propósitos de mis días
y no desespero pues, cuando entras,
retomamos el proyecto.

Pues es de obligado cumplimiento
no faltar a los versos, a los impulsos
y a las pausas que nos reproducen
en nuestras retinas
cansadas de fría pantalla.

Joder, es de obligado cumplimiento
ser poso en nuestras sábanas
de café que suda quemado
por el sexo, por despiste
o por procrastinar con albedrío.

Falta de comprensión lectora
en las cosas que me regalas,
que tendrían que estar siempre
en la lista de cosas que hacer
de obligado cumplimiento.

50
Cualquier día

Hoy sustituyes a esa veleta
que dirige el viento,
que se erige pétrea en nuestro lugar,
en la tarde que se te ocurre
romper los horarios.

Se oyen las voces del gentío
que parecen un idioma extranjero
o un simple jugueteo de los sonidos,
que ponen música a las luces
y que, dóciles, regresan por la autopista
después de la jornada.

Y te veo suspendida
en el vaivén de las olas
que lees pasando página
y en los descansos que haces
interpretando su danza en las rocas.

Eres el punto negro
en el papel en blanco
que destella rosa.

Eres torbellino tierno que me ahoga,
pero me das la posibilidad de salir
y, en medio de la catarsis,
entiendo a mi captora.
Veo mi atrevimiento
y aprendo la lección
o, eso creo, pues pobre de mí
vuelvo a caer en ti.

51
Una noche en escena

La muchedumbre en la terraza
se hace atrezo. Estamos otra vez
en medio del jardín de gentes
que sin cuidado tutelan los bares.

La comida dispensa la tertulia
al ritmo que bajas
por una botella de blanco,
deslizándote por su sudor
que condensa palabras
y me moja de tus razones
mientras yo soy la mesa que intenta
mantener tal escena sin tambalearse.

Las candelas, en esta noche, no ayudan
a gestionar el escorzo de tu figura,
pues candela te modulas
y te sigo insondable.

52
Amor en gerundio

Ha llegado el alisio a la ciudad
secando y endureciendo lo abstracto
que goteaba de nosotros:
de aquel reloj
que olvidamos que funcionaba,
que batía el tiempo
y nuestro ansiado destino
y, ahora, todo nos lo ha revelado,
como si un moribundo se hubiera despertado
en una vida nueva,
desestimando cada pretérito.

Y bate lo que te has inventado
que tus labios querían escuchar
y has jugado con los míos
mintiendo su descripción,
haciéndola niebla
dulce que trasluce nuestro amor
para que destaque más,
como lo hacen esas luces de neón
que, sin planificación ni diseño,
visten el cielo bajo de nuestro micro mundo
en un acompasado caos
que da sentido al paseo
de este anochecido viernes,
desestimando cada pretérito que,
en gerundio,
nos encuentra ahora
y siempre.

Índice